AF275650

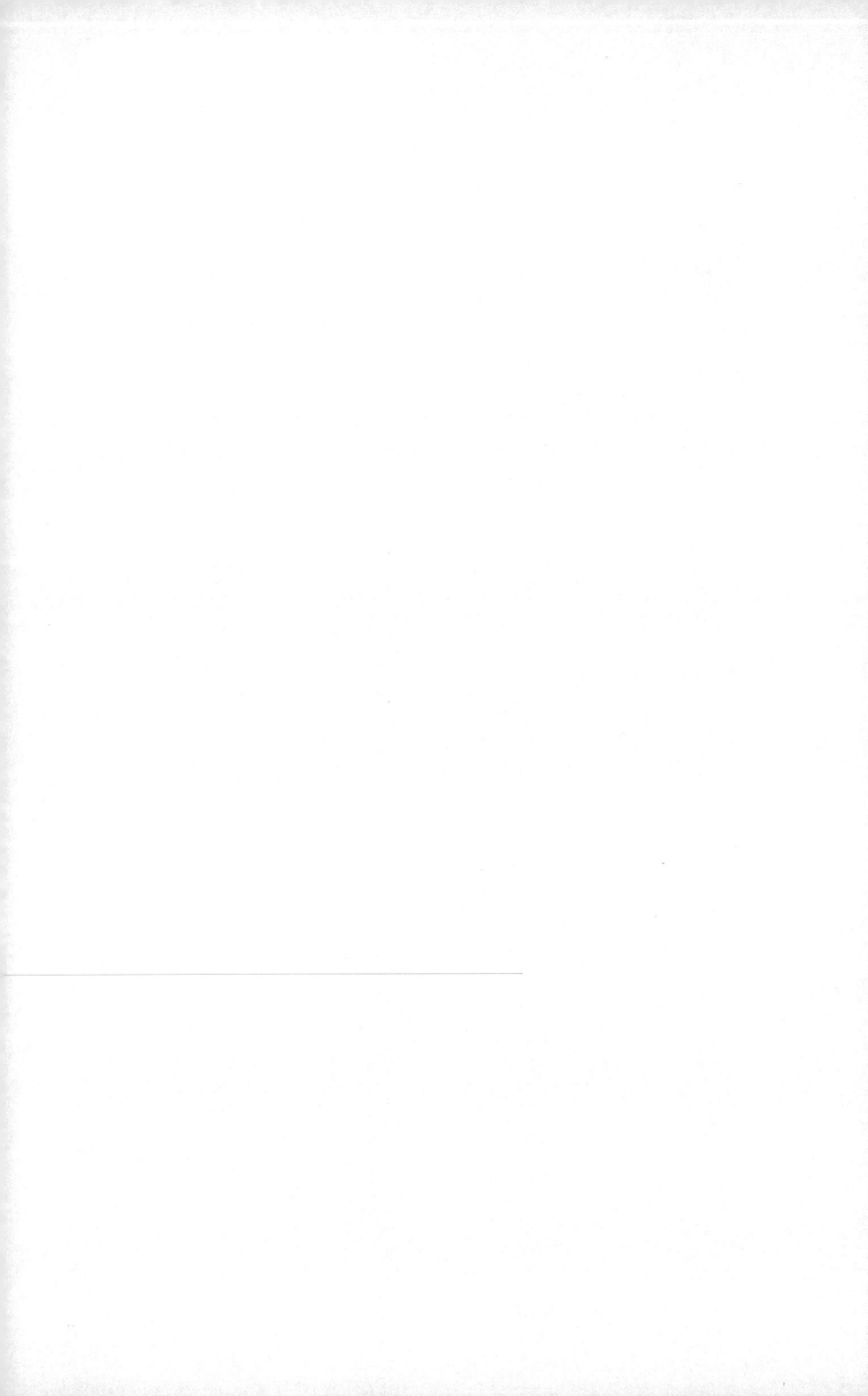

EL AMOR...
EN LAS MANOS

Carmen Salas del Río

COLECCIÓN IMAGINAL

EL AMOR... EN LAS MANOS

© Carmen Salas del Río
© Retrato de la autora: Marijose Muñoz Rubio
© Ilustraciones: Marijose Muñoz Rubio
© de esta edición: Olé Libros, 2025

ISBN: 979-13-87620-00-4
Depósito legal: V-262-2025
Impreso en España

No se permite la reproducción total o parcial de este libro, ni su incorporación a un sistema informático, ni su transmisión en cualquier forma o por cualquier medio, sea este electrónico, mecánico, por fotocopia, por grabación u otros métodos, sin el permiso previo y por escrito del editor. La infracción de los derechos mencionados puede ser constitutiva de delito contra la propiedad intelectual (Arts. 270 y siguientes del Código Penal). Las solicitudes para la obtención de dicha autorización total o parcial deben dirigirse a CEDRO (Centro Español de Derechos Reprográficos).

KALOSINI, S. L.
Grupo editorial olélibros
equipo@olelibros.com
www.olelibros.com

CARMEN SALAS DEL RÍO

Carmen Salas del Río (Cádiz, 1955), afincada en Granada. Docente y poeta. Numerosos trabajos creativos publicados en proyectos colaborativos: *D. Quijote de la Mancha, Platero y TIC.* Con *Palabras azules* obtuvo junto con sus compañeros el Premio Nacional de Educación 2014.

Invitada por la Universidad Internacional de Huelva, en el Simposio Internacional Cien Años de Platero y Yo, con la ponencia *«Platero y yo» en cómic».*

Responsable de biblioteca escolar, colaboradora de la Red Profesional de Bibliotecas Escolares de Granada. Creó el blog *Biblioteca del cole 2.0,* con el que obtuvo el primer Premio Espiral Edublogs, a blogs de bibliotecas escolares, en junio de 2015. Ha publicado colaboraciones poéticas y reseñas de libros infantiles en medios como Libro Abierto. Durante tres años ha sido miembro del equipo de la revista cultural *Lumbre* y ha publicado poesía en varias revistas: *Ablucionistas*, revista *Azahar, Estación Poesía, Mitaraka...*

Ha publicado los poemarios *Manto del alma* (ExLibric, 2016), *La mirada del tiempo* (Esdrújula, 2019), *El cantar de las caracolas (*Olé Libros, 2020), *Salitremente* (Olé Libros, 2021), *Las grietas de la luz* (Baker Street, 2023) y el cuento infantil *Unidos para subir a la luna* (Sonámbulos, 2020).

Ha sido traducida al portugués.

Antologada en más de cincuenta antologías. Finalista del III Premio Nacional de Poesía Viva #LdeLírica. *III Antología #LdeLírica* (Huerga y Fierro). 1.er Premio al Poema de Paz en el IX Encuentro I. de Poetas Quart de Poblet, Valencia. Es socia de A.C.E., CEDRO, Ateneo de Granada, Voces Poéticas Nuevo Siglo, Arte Ahora, Proyecto Cultural Sur, Proyecto Global de Cultura Granada Costa, Asociación cREA, Verso Abierto, Poetas en Red, Centro Andaluz de las Letras y Asociación de Mujeres Poetas Genialogías.

Ponente y participación en recitales poéticos en varias ocasiones en Tetuán (Marruecos) durante el año 2024, en el marco de la Fundación Mgara Rebahi con sede en Tetuán.

Pluma de oro otorgada por su apoyo al proyecto cultural en el X Encuentro I. de Poetas Quart de Poblet (Valencia). Académica de la Academia Nacional de Literatura Moderna y Miembro de Número de la Academia Norteamericana de Literatura Moderna Internacional (ANLMI) con sede en New Jersey.

Finalista del I Certamen Internacional de Poesía Trina Mercader, Tetuán (Marruecos) y dentro del marco del XII Encuentro Hispano Marroquí de Poesía Rafael Guillén.

Finalista en el V Certamen Internacional Cartas de Amor *De mar a mar* 2025, Cádiz.

*A mi madre, Gloria del Río
y a mi padre, Nicolás Salas,*
in memoriam.

Entré en tu cuerpo lleno de esperanza
para admirar tanto prodigio
desde el claro mirador de tus pupilas.

ÁNGEL GONZÁLEZ

PRÓLOGO

El amor... en las manos de Carmen Salas del Río

Prologar un libro con este título, *El amor... en las manos*, es la antesala de la emoción, una declaración de intenciones que nuestra poeta, Carmen Salas del Río, nos muestra a corazón abierto. Han pasado muchas serendipias desde que el primer poema de este libro tomó cuerpo; algunas, «en sepia», otras en blanco y negro y no pueden faltar aquellas que nos iluminan el caminar cotidiano, con un colorido tan extraordinario que nuestra «piel desnuda» no necesita de ungüentos, ni alfareros de risas.

Los misterios del universo sobre el césped esparcidos y nosotras dos con la esperanza intacta y un desgarro de auroras que nos ilumina cada amanecer. Contemplando y aceptando este mundo y sus gentes, así lo cuenta Carmen, a jirones de amor y lágrimas, atenta a todo lo que sucede en derredor para regalarnos estos tesoros literarios, que tú —querido lector— te dispones a degustar.

Carmen vive contando en sus poemas la gloria y el infierno, el gozo y la pena, la humildad y el ego, la admiración y la envidia, amando a gentes sencillas como ella, que abrazan el mundo con luminosos suspiros, siendo consciente de que hasta los lirios del campo se multiplican sin esfuerzo.

«A menudo un pájaro» se apodera de esta poeta, extiende sus «alas» sin miedo, desata su «lengua caprichosa» en forma de metáfora o simplemente nos brinda un retrato del cuerpo

9

que goza y ama con el «corazón en las manos». Entonces, la magia despierta y nuestra mente vuela exquisitamente a la niñez, al «olor de su madre». De nombre Gloria y Nicolás —su padre—, ellos emprendieron la primera lección de amor para Carmen. Eran sus padres, de los dos aprendió muchas cosas; el valor de la palabra, el esfuerzo por conseguir las metas trazadas y rechazar los delirios de amar las sombras, porque Cádiz, su tierra natal, es la cuna de la luz y la sal. En los primeros besos de su madre ya bordó la mujer que hoy es —sin darse apenas cuenta—, mientras hilaba su ajuar en sábanas de lino; puras, intactas, blanquísimas para trazar en ellas su ilusionante futuro.

A veces, esta que prologa la mira detenidamente a los ojos y es ahí donde encuentro aquella niña —que por suerte— sigue viva en ella; cariñosa y sonriente, rebelde y contestona, generosa y cauta, confiada y atenta, es una mujer de «savia y esencia» adquirida, cubierta de nácares que la protegen y con una mano segura que cincela en cada poema toda la emoción de su alma.

Aprendió a «quererse» demasiado tarde, ya que siempre estuvo entretenida en amar a los demás, hasta que un día, detrás de los cristales empañados por tantas lágrimas, descubrió un «concierto en el alféizar». Era un ruiseñor de plumaje perfecto, un ave estilizada de pico fino y cola muy larga. Su color ocráceo le recordaba los colores del otoño y el crujir de las hojas bajo sus pies, en esos paseos interminables en los que sentía una terrible soledad, y, entonces, descubrió que ella también silbaba una «balada para los árboles solitarios» con su pluma, en ese caminar que acostumbraba a llamar vida. Fue, en ese mismo instante, cuando su «búnker del desaliento» desapareció, encontró al fin su libertad y, con ella, un edificio de altura interminable que conducía directamente hacia la luz.

Aprendió en su camino el valor de la palabra amiga, podría llamarse «Magda», podría llamarse de cualquier otra forma, el caso es que «fueron cautivos sus silencios / que despojaban las rosas del alma» y descubrió también que con el roce de otra piel amada las espinas desaparecían y todo lo estéril de pronto se convertía en fecundo en su corazón.

Y, ahora, camina siempre avanzando hacia el amor; apartándose de las ciénagas morales, que solo debilitan el pentagrama de su sonrisa y el color azul cielo de sus alas. Ya no permite que nadie necrose su vuelo y mucho menos que amordacen «la luz que descubre puertas en su mente», siempre su hermosa aura diligente y esa sonrisa eterna en su rostro.

Dispuesta a consolidar su destreza vital; con un voraz apetito hacia todo lo que toca, mira, escucha, huele o saborea, con los cinco sentidos de una mujer totalmente despierta.

Ella sabe que, durante décadas, escuchó a los niños que sufrían, les brindó lugares mágicos de cuento donde refugiarse y salvó a cuantos pudo del terror de la ignorancia. Aquel galeón de sus sueños de maestra estaba cargado de generosidad y cariño, y, así, hoy camina con todas las sonrisas de tantos niños abrigando su cuello.

A Carmen las «indignidades» le corroen por dentro, porque es totalmente consciente y nos revela mucho de lo que aprendió en su camino en apenas unos versos: «La urgencia por llegar a una cima, / el sabor de estar en la cresta más alta, / y a partir de ahí resbalar sin cesar, / caer como cae la lluvia / de la nube más alta».

A salvo del vacío, Carmen nos regala en este poemario el conocimiento de lo aprendido y nos brinda en forma de amor, con sus manos abiertas, lo único que nadie nos puede robar, el conocimiento.

Marijose Muñoz Rubio

Mi corazón: tu nido.
Muerde en él, esperanza.

Ángel González

El corazón en las manos...

PLENITUD

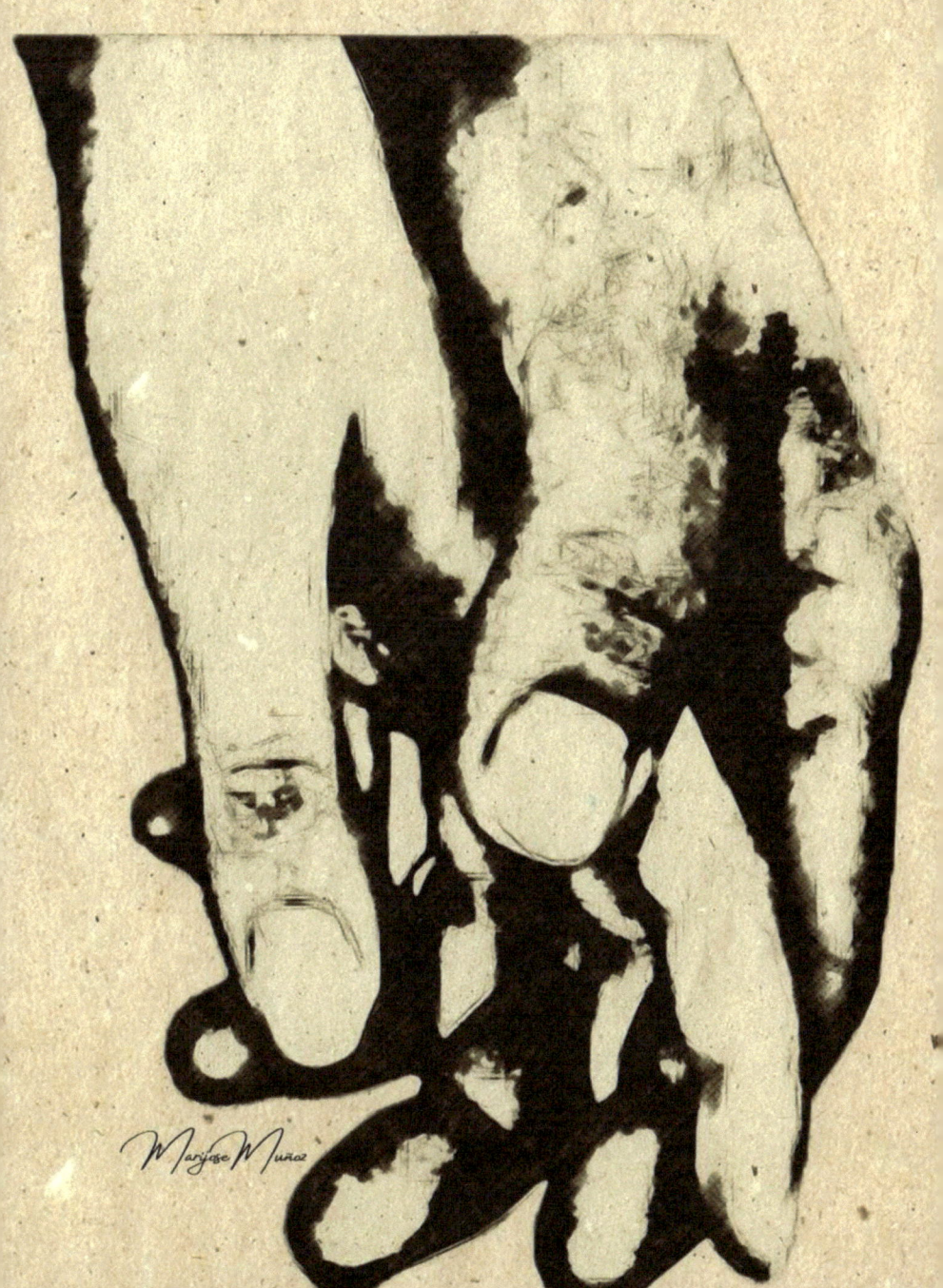

Maryjose Muñoz

Porque, sin buscarte,
te ando encontrando por todas partes,
principalmente cuando cierro los ojos.

JULIO CORTÁZAR

1.ª PARTE

El corazón en las manos...
PLENITUD

*Después de mis lágrimas,
la plenitud de mi soplo blanco.*

Hashimoto Takako

*Ven a dormir conmigo:
no haremos el amor, él nos lo hará.*

Julio Cortázar

Donde no hay amor,
poned amor y encontraréis amor.

SAN JUAN DE LA CRUZ

En sepia

El viento aleja otro otoño,
va dejando
la espuma fluir en la arena
en la estación caduca.
Y en los ojos del amor
se deja envolver
en el color cobrizo,
acrecentado por el oriosco
que trae la tarde temprana.

Tras él, las nubes hacen acopio
y la lluvia rocía sobre el rostro
de los múltiples semblantes,
refrescando la piel y el alma
oculta en la corteza
del cuerpo que la protege.

Tu amor y mi amor
adoptaron los ocres de las hojas,
las arrugas y manchas en la tez,
arrogándose ese sepia hermoso
que se va confundiendo
en el paisaje.

Mi amor y el tuyo
resisten uno tras otro
horizontes inéditos
cada vez más abrazados,
más ceñidos, rodeados
de la suave vaina
de la ternura.

TÚ ERES

Tú eres
el abrazo que ratifica mi entereza,
contigo acepto confiada
el acercamiento
al invierno de mis días,
llenándolos de sentido
y versos que viajan.

Eres el beso sincero,
la palabra honesta,
la caricia templada que adormece.

Tú eres
la perseverancia en el amor,
juntos saciamos momentos
que borran arrugas de la piel
y grietas del alma.

Tú eres
el río en el que fluye el alimento
que nutre la alegría
y la luz compartida.

Eres la fuerza
que durante el camino
custodia los raíles
por los que decidimos transitar,

ahítos de poemas
hacia nuestra Ítaca.

Piel desnuda

Te desnudas para mí,
amor,
porque soy yo quien te pinta,
aun así te incomoda
porque no estás hecho para posar.

Yo tampoco estoy cómoda.

Quiero hacer una obra de arte contigo,
difícil cometido,
tu cuerpo es tan hermoso
que temo no hacer con mi arte
lo que tú mereces.

Miro y admiro tu piel
amelocotonada, nívea, excitante.

La recorre mi vehemente mirada,
voy pintando tu contorno,
la silueta que amo y me desarma.

Se ablandan los pinceles,
un temblor entera me recorre
y me sobrepongo con gozo.

Tú eres natural,
yo soy natural,

mas nuestros sentimientos,
amor,
de este mundo
no son.

Caracolas sirenas

La lengua caprichosa
dibuja carreteras en tu piel
y surca las veredas
arrastrando caricias en tu vientre.

Se arraciman deseos
en la noche de luna,
al borde de la orilla
la ola nos redime.

Los puestos estratégicos del cuerpo
vigilan los abrazos,
controlan
las miradas furtivas.

Ascienden crestas de agua
sobre nosotros,
nos invitan al baño
y cobijan los besos.

Caracolas sirenas
arrullan el momento.

Besos donde los besos

Basado en el Poema V *de Catulo*

¿Para qué era que queríamos ser grandes?

Cólmame de besos a flor de piel,

me gusta cuando los besos se aferran
al sentimiento humano, que aglutina
la cálida esencia que crea el amor,

sí, amor, prepara tus labios
para el beso del deseo, dando paso
al beso del cariño,
del corazón henchido de alegría,

que no hay nada como un beso robado.

Me brillan los ojos cuando sonríes,
acércame tus labios tan sedosos,
déjalos peregrinar sobre mis labios
hacia el dulce beso que firme arrasa
la deliciosa unión de nuestras almas.

Voy a robarte un beso y no lo sabes,
voy a darte la acaramelada caricia
de los besos robados con deseo.
Róbame tú también besos. A cientos, a miles,

que solo se oiga el murmullo del mimo,
beso apasionado, único, mágico.
No paremos,
un beso por cada lunar que tenga.

No nos ocultemos, que todos nos vean
cómo haces el amor a mis labios.
Nos besaremos hasta quemarnos de amor.

¡Me debes tantos besos que nos dimos

con la mirada!

HERIDA DE AMOR

Te pierdo mientras miro llover.

Protegida detrás de un cristal,
los recuerdos bullen
tras un velo en la memoria
que impide una total evocación.

Voy a la grupa de un corcel tan triste
como yo, tan exhausto de mi herida
que se ha convertido en palabras.

Vocablos que embeben como suero
este cantar poético que dibujo en el papel,
los poemas
yerguen mi ánimo y mi soledad,
sobre la senda que marca el lenguaje.

Un temblor en mis labios,
la salobre lágrima que resbala,
insisten en mi pensamiento:
que, en el amor,
todo lo bueno
puede volver a suceder.

El cielo hoy

Con la respiración entrecortada.

Detrás del ventanal
miras un cielo atrayente:
nubes pequeñas
con formas de algodón
y madroños aún tiernos.

El viento se columpia
por los espacios huecos,
entre las gotas de agua
suspendidas.
Y los esponjosos
perfiles blancos del celaje.

El barrido continuo de la brisa
ya conquista tu mirada.

Por un instante sigues una estela,
circundas la espiral
que describe una nave de luz
en tu trozo de cielo.

Por un instante quisieras ser aire
para subir danzando
y llegar junto a él
y quedarte a su lado para siempre.

En ese universo estrellado
donde te espera.

ARRECIFE DE SIRENAS

A Javier Egea

Soy una nereida del arrecife,
corono las antiguas chimeneas
volcánicas, fabricadas de lavas.
Soy menuda y pizpireta,
en la bahía del cabo de Gata
canto por los codos
nuestro bello y amoroso lenguaje.

Me gusta respirar el agua diáfana,
disfrutar de los rayos
mesurados del sol de mediodía,
sentir su tibieza dentro del agua,
el gorjeo de su luz.

Observo desde su mismo fondo
el mosaico marino que colorea el mar
de turquesas, verdes y azules.

Arriba, la envolvente sensación
de los acantilados,
caprichosas formas que despuntan de las aguas.

Cantando al plácido oriosco,
disfruto atardeceres
con la mirada de Javier Egea.

Esa gran ignorada

Vuela el equilibrio entre los hombres,
sobrevuela las sombras
y no vuelve y se impide el propósito.

Sucumben metas de vida pacífica,
salta por los aires la convivencia,
la calma.
Trozos de tranquilidad y quietud,
bienestar y estabilidad truncadas
emergen rotas por la avaricia.

Y acaban enterradas por la sangre
que corre en ríos de dolor y muerte.

De reojo vigilo confundida
en la niebla
y fue entonces cuando, donde la paz
no había nevado nunca, nevó:
tan blanca la prístina intermitencia
de su armonía lenta y contagiosa,
de su níveo silencio marchitado
y vuelta a resucitar
entre los anhelos de hombres nobles
y mujeres tenaces en cantar la vida.

Voy de salto en salto por los pretiles
de las azoteas, busco tolerancias
bajo el cerco brumoso de la luna,
los tendederos se arquean en látigos
alzados para doler.

Y elaboro barricadas tenebrosas,
allí escondo el dolor que no se fue,
que alejan las curiosas miradas.

Paz,
bajo su piel segura se diluye
el miedo, cegando el fragor de bombas,

obuses,
       torpedos
             y disparos.
Avanza entre los soldados
(enteros pertrechados para la guerra),
las palabras rotundas que profieren
tras la prueba forzada en un combate
que los obligaron a soportar.

Vuelven aires de paz, van solventando
contratiempos, vieron morir a niños
y ancianos convalecientes, los reciben
con hambre, miedo y suciedad, perdidos
esperando una mano socorrida.

Vuelve, Paz, llena las conciencias vanas,
mueve las ruecas con tus hebras calmas,
trenza azules que se unan al azul
del cielo y el mar y al verde de la madre
tierra, que comience ese balbuceo
alegre de la paz, naciendo bella.

Una vez más.

SAVIA Y ESENCIA

Vida y ser,
ser y vida serpentean
casas, calles, plazas, parques
por donde las personas
transitamos nuestro camino
existencial,
nacemos,
crecemos, nos reproducimos,
morimos.

Somos seres
diferenciados en el universo
por el uso libre de la razón,
optamos los caminos con voluntad
arrolladora en la lid de la vida.

Soy materia, realidad objetiva,
humanidad que envuelve la soflama
de una conciencia sitiada en las brumas
del mudable pensar, su multitud
y riqueza de recias sensaciones.

Atrayente identidad de los seres,
existo y existen en ese algo
emancipado de la nada cruel.

Yo soy
    yo estoy
        vivo
           existo.

Disfruto mi presente.

Alas

Sola con mi poesía
y ese despertar
a mi ensueño de poeta.
La vocación lanzada
al camino
que se llenó de rémoras.

No me quejé,
convertí mi tiempo en versos,
elevé
las alas de mi voluntad.

Ese anhelo
enfila la senda elegida,
poco a poco,
tan silenciosamente
hacia otros días,
que portan inéditos poemas,
sumándose a un legado que se agranda.

Con mi pluma constante,
mis pisadas de hierro
y esos remos ligeros,
me aferro a mis versos
que solemnes expresan
la voz del sentimiento.

Viviré momentos creativos
en torno al ingenio
que embellece el lenguaje,

y enarbola el amor
        que sazona la vida.

A MENUDO, UN PÁJARO

Deseo ser un pájaro
de alas anchas y largas,
planear como un águila.

Quisiera ser gorrión,
volar junto a mis hijos,
piarles su gran esfuerzo
por hacer sin quejas
trabajos de miseria.

Quisiera ser gaviota
y comer la carroña de la tierra,
limpiar sus uñas negras,
dejarlas tan blancas como la paz.

Quisiera ser vencejo
y cortejar el mar,
los campos y ciudades,
pueblos y playas, montañas y valles,
de viejas bondades, cerrar el círculo.

Dejar fuera lo anómalo.

Reventar el búnker del desaliento,
        vivir,
traspasar los horizontes
y todas las fronteras,

beber
la luz de sol y luna
para alumbrar las sombras,
evitar el tropiezo
entre guijarros
      del camino.
Iluminar el amor,
         mimar el alma.

Cada vez que te enamores
no expliques a nadie nada,
deja que el amor te invada
sin entrar en pormenores.

MARIO BENEDETTI

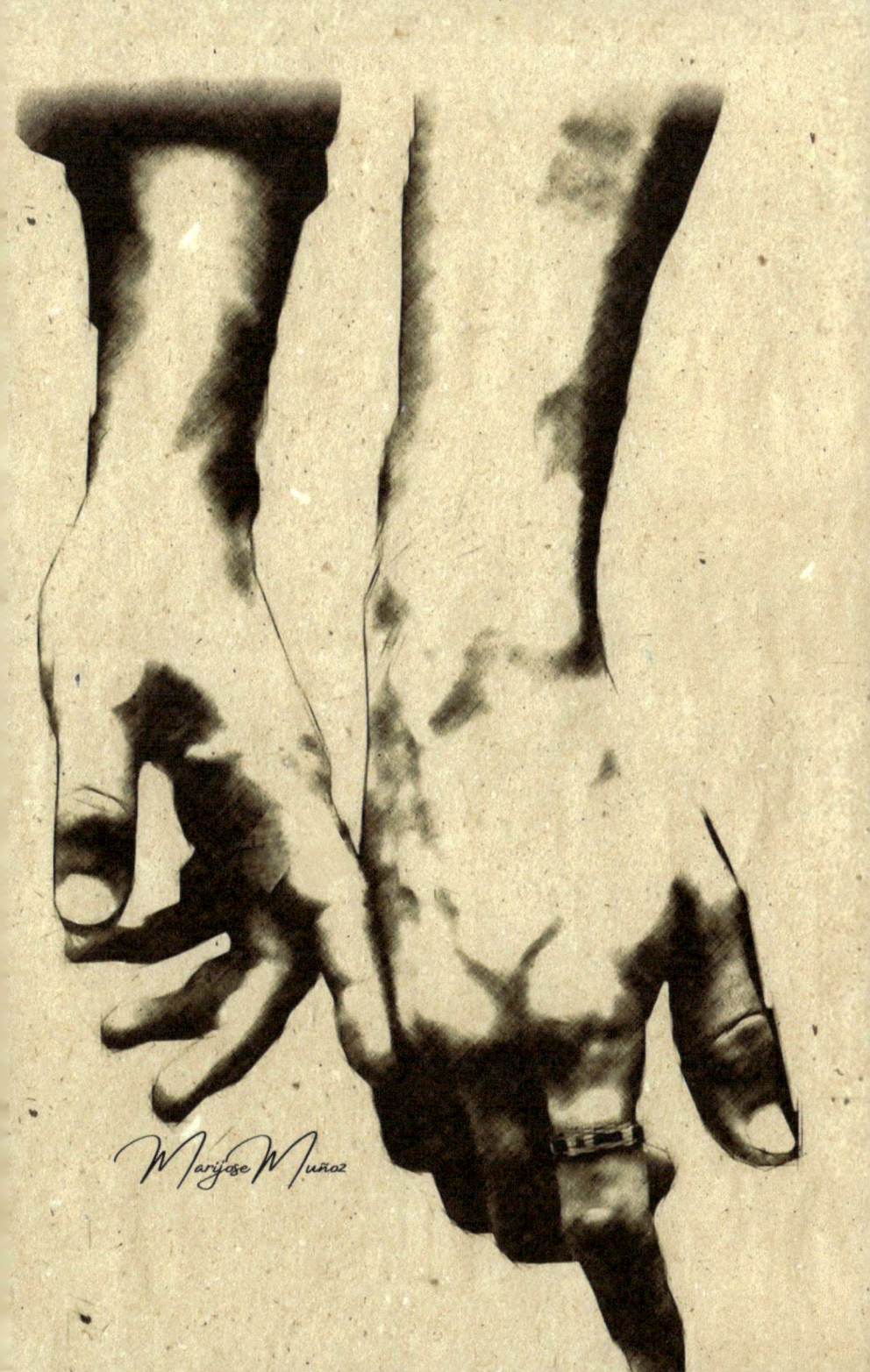

Sé que voy a quererte sin preguntas,
sé que vas a quererme sin respuestas.

Mario Benedetti

El corazón en las manos... ENTREGADO

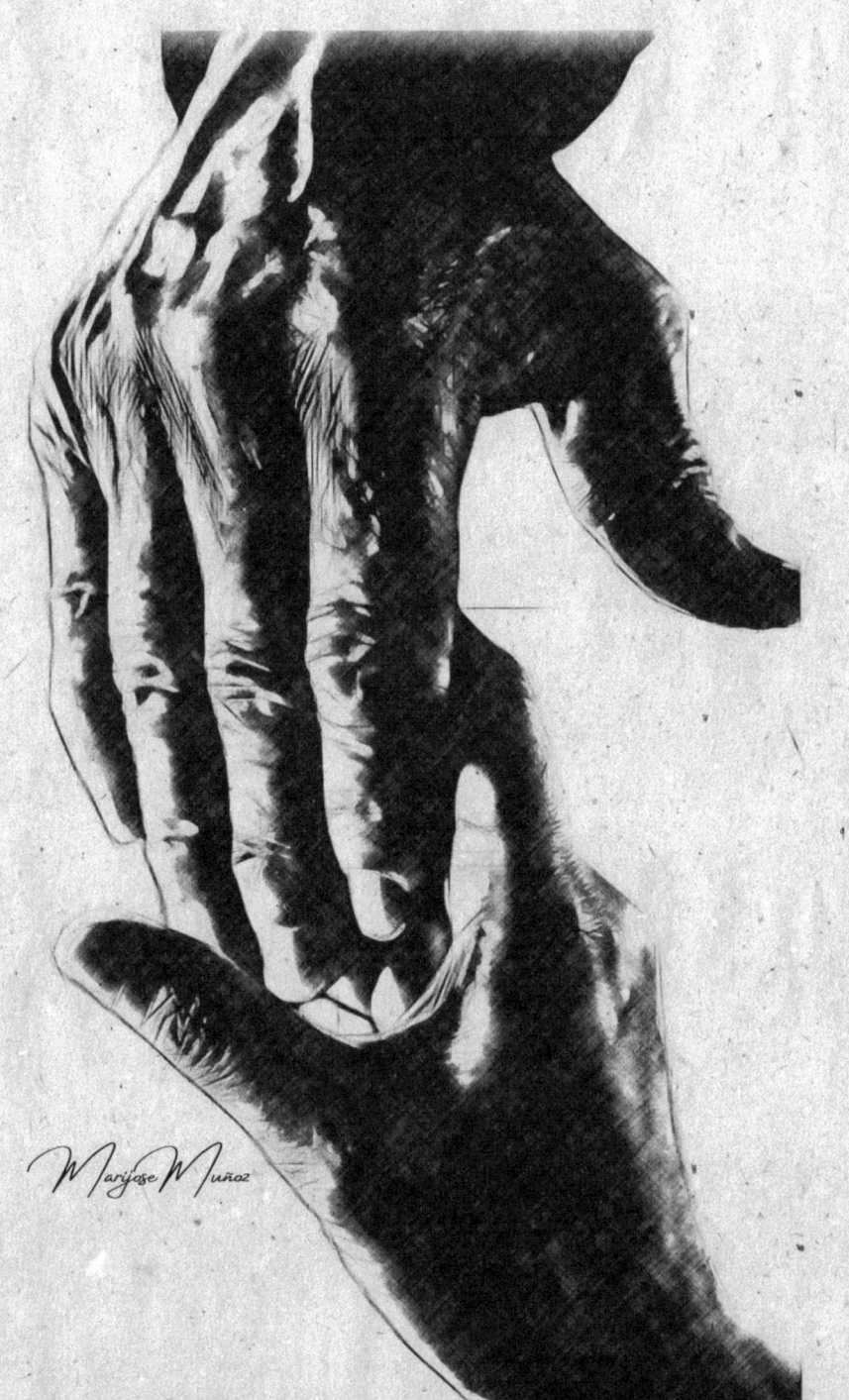

Marijose Muñoz

Más que besarla,
más que acostarnos juntos;
más que ninguna otra cosa,
ella me daba la mano, y eso era amor.

MARIO BENEDETTI

El corazón en las manos...
ENTREGADO

Estar contigo o no estar contigo
es la medida de mi tiempo.

JOSÉ LUIS BORGES

Las palabras nunca alcanzan
cuando lo que hay que decir
desborda el alma.

JULIO CORTÁZAR

Dame alas para volar
y motivos para quedarme.
ACCIÓN POÉTICA

MUJER,
SEMILLA DE DOBLE VIDA

La mañana cerrada la espera,
el sol hoy no ha salido,
las oscuras nubes
cierran el paso a sus rayos.
Chispeante y frío
el día amaga lluvia.

Un terreno arado,
tierra bien abonada, que aguarda,
un surtidor de semillas.
Mujer campesina,
portadora de vida
en tus manos y en tu entraña.

La siembra urge,
mujer de barro,
embarrados tus pies
tras la lluvia.

Tu hombre traza surcos
en las tierras de otros. Todo suma
para dar de comer
a tus hijos.

La lluvia remite.

Los rayos del sol tiemplan la tierra,
campesina hacendosa,
ahora ves cómo surgen
los brotes del terreno
y tus ojos brillan cuando sonríes.

Y tu hijo en tu vientre
te pide que lo abraces.

Abrazándote

Mujer,
aparta esa angustia que te aprisiona,
acoge ahora mi cálido abrazo,
que te ayuden a juntar y pegar
los trozos de tu vida
que partió la violencia,

redondear los bordes de las heridas
que te hicieron el cristal de sus golpes,

la pérfida lengua que te despreció sin tregua.

Quiero devolver a tu piel su verdadero color,
a tus ojos su brillo natural,
la palabra a tu lengua
muda por el temor,

mitigar tus temblores,
acallar los ecos del desencanto,
borrar la decepción
y cortar las cuerdas que te oprimieron,

devolverte los sueños,
reparar el desgarro
de las humillaciones.

¿Hay algo más atroz
que mudar del amor a la crueldad?

Retornarás al mundo,

te queda la conquista

de la felicidad.

Mujer independiente

Se fue tu juventud
sin apagar tus dones de inocencias.

Se fue tu antigua casa,
su fragancia.

Se fue tu dolor.

Se fue el aislamiento,
las lágrimas profusas,
la impotencia
tras la llave cerrada.

Se fue tras tus pisadas
la luna que añorabas
mirar desde otro sitio.

Se fue sonriendo
a caminar sin furia,
como una hoja
que viaja con la brisa;
cantas una canción
y en tu gorjeo de olas
te alejas de tu mar.

Me gustaría tanto
verte volver
al borde de tu orilla,
envuelta entre la espuma.

Fuiste a vivir la vida,
conocer el amor,
cerca de otro azul...

y quizás a brillar,
        como la estrella
que se transparenta bajo tu piel.

Mío y solo mío

Mío es el cálculo
de la medida de la aguja
con la que coser
los orificios agostados
del camino hacia un sueño.

Mía la elección,
mío el camino.
Superación es la palabra,
constancia la actitud,
fuerza es la razón,

eterna el alma

que transforma un destino
en el que tú deseas.

CREANDO PRESENTE

En la ladera sur
de la colina de la Alhambra
fue donde volvió a germinar
la luz de su poesía.

Solitaria en sus versos,
al fresco en el balcón
teje el asombro con palabras;

una tarde cualquiera de noviembre,
bajo la mirada de la luna
que de sangre se le antoja,
la poeta persevera.

No abandona, en la velada amenaza,
se centra en consumir
las sombras que le cubren
la luz de su esperanza,

creando su presente
día a día, para llenar
los vacíos que la circundan
con los versos del amor

y en su mar una barca
solitaria en la orilla
espera su llegada

y la de nuevos versos
vocalizando estrellas.

En el regazo

En el regazo leve de mi cuerpo
donde silencio secretos
solo míos,
desde antes quizás
de ser consciente,
brotó la poesía.

Crecieron palabras habladas con amor,
oídas con un sigilo de niña
que curiosa y sin querer descifraba,

asomada al balcón de los hallazgos
sugestivos y hermosos que cautivan.

Mis miradas
rastreaban vocablos,
tímidos ojos que a la vez miraban
de rabillo,
        vergonzosos,
                fisgones.

Aventuras en plena juventud
trajo la vida en tentación
como tesoros prendidos de luces
que fueron llegando
como si nada.

Surqué las sendas de la madurez
con tantos anhelos sin consumar
rondada por un barco de quimeras
que decidí quemar en pleno asalto.

Se agitaron las aspas del destino
y arribó ilesa la realidad,
y la pasión intacta de aquel beso
asido al amor.

En el leve regazo de mi cuerpo
doy refugio a la vida pendiente,
y a la belleza
      de aquellas personas
            que solo veo
                si me acerco a ellas.

MAGDA

Amistades que son ciertas
nadie las puede turbar.

MIGUEL DE CERVANTES

Respiro lenta y silenciosa.

Cierro los ojos.
Quiero rememorar el comienzo
de nuestro vivo aprecio.

Es a veces increíble
cómo se construye,
no sabemos lo intangible
que estremece al corazón
en el instante de acometer
una relación que termina
siendo una hermandad.

Ese gozo, un bienestar que arrulla
alma y mente,
intuyendo,
casi adivinando
lo bueno que se aproxima.

Para saberlo mira alto,
amiga, en ti encontré también
el aliento cálido de las palabras,
el silencio revoloteando en la poesía,
la secuencia de imágenes
transformada en pensamiento.

Subía peldaños y allí estabas,
tú lo sentías,
percibías mi afecto,
yo veía tu cariz enigmático,

leía un gran corazón en tu lenguaje

y la amistad
                              voló
enredando sus hebras
en nuestras mentes abiertas,
al mejor de los afanes.

Somos una arquitectura dulce,
un sentimiento delicado
sobre el que prospera nuestra amistad.

Alegría

Voy contando los días de mi otoño
con la alegría de un niño
que cuenta sus canicas ganadas,

capeo la sequía de agua y nieve
soñando la abundancia
postergada,
a la lotería
de un futuro sin neblina.

Marcho luego en los días del invierno
helado, espero la calidez
de la poesía,
con sus lances agudos
acertando en la diana,
donde aún duermen
algunos de mis sueños.

Canto mis versos
en un verde esperanza,
en coral luminoso,
en rojo y en violeta,
en amarillo sol,
en plata como luna.

Trovo mi vida tallada en sonrisas,

no solo para la foto.

AGUA

Agua,

cristalina llueve sobre el planeta,
detrás deja su estela de bonanza,
el rocío en los campos de amapolas,
eternas arboledas de frutales,

las espigas y brotes de los nuevos olivos,

colmando de vida los embalses,
alimentando el cauce de los ríos,
de nieve las montañas,
los glaciares
germen de manantiales,
acuíferos,
géiseres
y lagos,

haciendo brotar verdes las campiñas,
cristal líquido que fluye desde las altas montañas,
desde el azul del cielo por el celaje oculto.

Agua,

que corre torrencial por las laderas,
caudal de energía que arrastra la vida.

                                        Agua,

atrevida y libertina en el mar
donde el baño me cura,
despierta mi latido,
se adueña de mi paz y mi descanso.

                                        Agua,

me aúpo en su alta y espumosa ola,
dejo llevar en su flujo mi cuerpo
que se deposita en la arena orillada.

                                        Agua,

ágil, vaporosa, vuelve a las nubes.
El sol y sus rayos la elevan sumisa
hasta la altura que dicten los aires,

y luego vuelve, agua,

        vuelve serena

                a seguir donando vida

                        a esta tierra.

Cuando un poeta se va

A José Miguel Fungueiriño,
in memoriam.

No, no llegué a conocerte, poeta.

No estuvo a tiempo para mí ese lujo,
mas supe de tu muerte en el instante mismo
en el que el cielo se nubló atípico,
tu esencia ya surcaba entre los pájaros,
acompañándote
en tu viaje alado,

el viento tatareaba entre las nubes
una salmodia creada para ti,
al compás de un gorjeo de avecillas,
un coro tras el poeta que se iba,

y tu luz fulguraba en lejanía,
un atrio te esperaba,
abierto solo a tu alma.

Nos quedamos más huérfanos,
y unimos a tu estela las miradas,
para decirte adiós con los ojos abiertos,
decirte adiós en el silencio cómplice,

adiós con el gesto
y un hasta siempre
rodaba junto a las lágrimas, poeta.

Rabia

Cuando la rabia es tu dueña
hace enojo en tu mundo,
no repara en razones,
provoca lo inoportuno
y fluyen frases soeces en tu mente.

El dislate se adueña del lenguaje,
la vida se torna estéril,
tu pensamiento ahora es tu enemigo.

Anida en ti el espanto monstruoso de la inquina,

y te abruma la suciedad del mundo,
una caricatura del ser, de tu ser,
que mata con su venda el sosiego,

el pasado advierte al presente:

si traspasas el caos sin perderte en su bruma,
si rescatas trozos de la honestidad pasada,
si atrapas tu conciencia con su dormida ética,
si acatas la sentencia de caridad contigo,

si serenas la casa dentro de tu piel,

percibirás tu fuerza

en el bello y silente anochecer.

Sus labios eran una caricia necesaria,
cómo podía haber vivido hasta ahora sin ellos.

MARIO BENEDETTI

El amor y la muerte se besaron,
la muerte murió enamorada
y el amor amó hasta la muerte.

DESCONOCIDO

El corazón en las manos... SOLEDAD

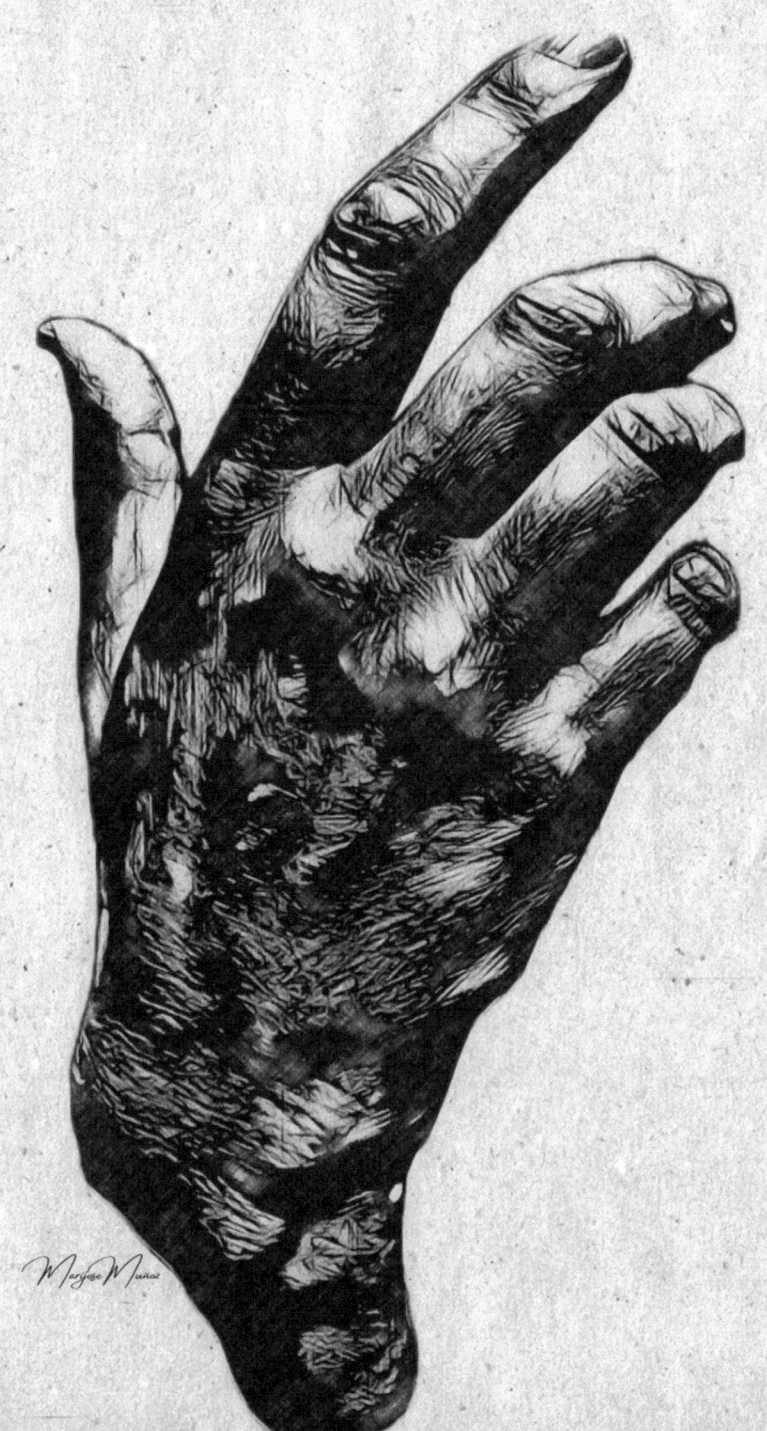

Amor (...), ¡qué soledad errante hasta tu compañía!
PABLO NERUDA

EL CORAZÓN EN LAS MANOS...

SOLEDAD

A mis soledades voy,
de mis soledades vengo.
Porque para andar conmigo
me bastan mis pensamientos.

LOPE DE VEGA

Si eres orgulloso,
conviene que ames la soledad;
los orgullosos siempre se quedan solos.

AMADO NERVO

En la soledad no se encuentra más
que lo que a la soledad se lleva.

JUAN RAMÓN JIMÉNEZ

Balada para los árboles solitarios

Evocación.
La imagen de un árbol solitario
entretiene mi mente que divaga,
aquellos días,
íntegra soledad
que enciende la nostalgia del pasado.

Un paisaje desolado,
el árbol solo en medio de la nada
que lo circunda.
Lucha por resistir,
con sus ramas desiertas de aves,

nota de verdor única,
indicador de fresca agua cercana,
invitación a su sombra,

agradezco y busco la fuente
que habrá en algún lugar
de ese paisaje calcinado
donde aliviar la sed,
dar descanso al cuerpo, al alma que soy.

Sombra, agua y descanso,
tres regalos
del árbol
que me reclama.

LA CARA OCULTA

Van cautivos los silencios
que despojan las rosas del alma,
van pinchando en su cara oculta
porque es tabú liberarlos.

Perjudican si los dejas marchar,
es la libertad de hoy, callar.

No crecen las espinas,
solo se incrustan,
encallan para siempre.
Las ignoras y sigues avanzando
con la lentitud del caracol,
en la devoción y la alegría
que la vida y tú misma
te pusieron delante:
ese sabor salobre, culto
y apasionante
de la vocación poética.

Solo un rayo de cariño comunal
que rebosante estalle hacia el mundo,
por ti y los demás,
sería el buen camino
para los silencios oprimidos.

Acoso

La mentira que se vierte
sobre un acoso escolar
es tan dura,
tan fría,
crea tanto dolor
como espina clavada.

No sirve quejarse.
Se esconderá la intención,
el hecho en sí.
Siempre dirán que es broma.

A quien se implica y localiza a los acosadores
también le dolerá.
Necesita observar,
seguir la estela del acoso,
recabar opiniones,
conseguir pruebas,
denunciar...,
exponerse...

Los padres del acosador le acusarán,
sacarán el mito de la manía,
buscarán secuaces a su causa,
desplegarán su crueldad,
los insultos,
otras mentiras...
hasta que todo se vuelva sórdido.

Acosado: es niño o niña
con la boca tapada por el miedo,
la vergüenza o las ganas
de que todo pase
y ser aceptado.

La mentira o la media verdad.
¿Qué es peor?

INDIGNIDADES

La condición humana
muere poco a poco,
aliada de la prisa,
las campanas nunca
dejan de doblar,
cada muerte se lleva
algo de luz
de cada existir.

La urgencia por llegar a una cima,
el sabor de estar en la cresta más alta,
y a partir de ahí resbalar sin cesar,
caer como cae la lluvia
de la nube más alta.

No da tiempo mientras caes,
llegar a todos los sueños,
sembrar los miles de árboles
que esperaban tus manos,

solo te das cuenta
cuando llega el invierno.
Enmudecemos
con cada óbito.
Los abismos de la vida
estrechan su cerco en torno a ti.

La naturaleza es sabia,
por cada hoja que cae
más hojas le brotan,
es la vida la obra de arte
que descuidamos,
la que hemos convertido en infierno,
el horror que ciega la palabra.

Escudriño, rastreo mi mente
pretendiendo inventar
otro paradigma edificante,
                              ahora,
que para mí ya es siempre,
un día más
y uno menos.

Y ASÍ

Nada importaba
salvo ser rápidas,
si oíamos algún ruido,
aligerar sin prisa,
pisar sobre el aire
y desaparecer.

En casa, lavar la brizna sucia
una a una.

Coser, pegar las briznas de lana
recogidas en la noche,
a la luz de la luna,
casi lloviendo.

De madrugada
tintar colores
sobre los filamentos,
secarlos al calor de la leña
y tejer hebras
conformando madejas.

Temprano en el mercadillo
las mujeres las rastreaban.
Eran las mejores,
¡qué rápido se vendían!

Íbamos a desayunar
el pan de cada mañana.

Si sobraban monedas,
podríamos cenar.

Noche tras noche.
Día tras día.

Ruidos inacabables

Debiéramos tal vez y con urgencia
suprimir las codicias de expansión,
dejar de rivalizar por intereses creados
de Gobiernos sin escrúpulos,
los chantajes y cobardes mentiras.

¿Quién desea vivir en guerra?

Debiéramos dejar de utilizar
los insultos, el enredo atroz,
las violentas incursiones sangrientas,
sin razones ni luces.

Dejar de fomentar el verbo provocador,
de soledad y odio.

Odio. Soledad.

Y, por toda memoria,
                         escribir
la abismal
y verdadera historia,
causante de los hechos
que desatan las guerras,
los eternos conflictos.

De ser posible, recomenzar a construir
una vez más
una reflexiva historia de paz.

Música, luz,
sonidos que son paz

La luz
descubre puertas en la mente.

Este viento a través del batir de alas
de alegres golondrinas en abril
es un viento de paz.
Lo adivino alejarse
impregnado de aromas de las flores
que roza en su avance.

Infiero sobre el color de la paz
cuando resida en todos.
Me dispongo a disfrutarla sin miedo,
abandonar el temblor de la huida
sin caer en la zozobra
de volverla a perder.

La luz descubre puertas en la mente.

Resplandece sin mácula,
transmite sus rayos
en tonos de perdón,
en pureza de alma y justicia,

El paso de la luz deja estelas
de amarillos brillantes, de alegría,
los radiantes verdes
de la buena conciencia,

              respeto,
los naranjas de la confianza.

Anhelo presentir
con las luces precisas
cómo los tonos grises
de la corrupción
se ausentan con la niebla,
cómo el negro carbón de la mentira

                                huye,
se entierra en los abismos solitarios

                        tras el paso de la luz.

Copos

Sigo construyendo
en mi aspiración
las olas de la vida.

No me quejo de nada.
Sería vil quejarme de la estela
que voy tejiendo
como tela de araña,
atrapando los sueños
que me agitan.

Tejo sobre un cordel de trémula firmeza
en el que sigo aún
sin perder ni un ápice
de optimismo,
ni una pizca de honradez,
en el periplo poético
tan ufano

que invade el trote de la reflexión.

Mantiene el ritmo de un lenguaje
que cambia cada día,
a cada instante.

Unos copos de nieve
en soledad
inician la nevada,
me recuerda
mis primeros poemas
de aquel tiempo cambiante,
cuando mis primeros versos fluyeron.

La casa del huerto

A menudo recuerdo aquellos árboles
que en su lugar preciso
protegían mi hogar
de los nocivos vientos,
de los rayos de un sol enfebrecido.

Veo los clavos y puntillas gruesas
que clavaba entre sus raíces
para darles la fuerza
del hierro oxidado
con el tiempo lluvioso.
El ficus benjamina
de la buena sombra,
la jacarandá,
aquel magnolio de pocas flores
y exquisito perfume en la brisa.

Entre frutales cuajados
se besaban sus frutos,
frente al tapial de arriates
colmados de rosales.

Me fascinaba
el jazmín añoso del que emanaba
su leve olor primaveral,
que lejos competía
con el aroma profundo de la dama de
noche.

Siempre aparte el perejil
y más aún la arbórea yerbabuena.

La casa del huerto, rodeada
con macetas de geranios
colmados de pigmentos,
circundada por las manos expertas
que lo atendían todo,
      con sus pies desnudos, bailando
         sobre el sedoso césped.

Hoy solo la soledad la abraza.

QUERERSE

Cuando sospechó carecer
de la honradez consigo misma,
cuando echó de menos
la caridad,
creyó perdido el cielo de sus días,
oculto el rastro de su vocación,

de lleno la abordó
el recuerdo admirable
de su madre,
su tesón.
La media sonrisa
de su padre, animándola,
como si fuera hoy.

Eso bastó para extinguir
el fuego de su peculiar guerra
contra la soledad,
prender llama a la mecha de su pasión.

Bordando su poesía.

Y se descubrió
            real
                    genuina.

Tal cual.

La soledad acompañada

Ríos de horas, días,
semanas, meses
y años de ininterrumpido silencio,
el silencio de los muertos,
como de alguien que no tiene
nada que ofrecer
—o eso cree—,
solo silencio y soledad,
la frialdad de la nada,
el trozo de nieve en la distancia
que lo separó de su luz
y la compañía de otros.

En la incipiente entrada de la primavera
recibió una visita.
Un arrebol
subió hasta sus mejillas.
Alguien no olvidada
llegó sin avisar,
con las manos cargadas
de una esperanza.

Él todavía la esperaba,
a cambio le ofreció una caja.
Dentro: tres libros para ella.

Uno se llamaba *Mujer*.

Al otro lo llamó *Te aguardo*.

El tercero estaba por escribir.

En la portada
había escrito una palabra:

«Contigo».

ARDID

Luna que sales tan tarde en el cielo,
tan tímidamente primaveral
con tu aureola rosa.
Ya no te miro
con la inocencia de antes
prendida como un sol sobre mi frente,

extraviada entre la paja
del sentimiento,
quedó
en fina aguja
que nunca aparece,

e impide encontrar
la ciudad encubierta
para solo unos pocos.

He olvidado en el bosque las lianas
que indicaban la senda
y escapé de los límites,
me entregué a seguir
un discurrir por vedados caminos
de múltiples formas y hechuras.

Solamente os diré, en conclusión,
¿qué ocurre a mi alrededor?
Pasan cosas que no veo,
traman frutos de amargo sabor.

Al cabo de la noche oscura y triste
estallan por instantes
las chispas del dolor,
la ponzoña que levantan
ladrando.

HOY HAY EN EL ARCOÍRIS UN COLOR MÁS

Mis piernas fueron raíz y árbol
donde esconder protegida
tus miedos de bebé.

Eras mi sombra allá
donde guiara mis pasos,
tu adelanto a mi andar
te delataba,
tan silenciosa.
Solo tus ronroneos
eran la música en casa
con la mueca de sonrisa
que fue negada a tu especie.

Tu peludo cuerpo
rozaba mis piernas,
reclamando
un mimo sobre tu pelo,
un abrazo de manta
donde paliar tus fríos.

Aquel día partiste,
dejaste tu orfandad
y a la sombra constante
de tu ausencia,
querida luna,
me acostumbré.

Diecinueve años
juntas
y me acostumbré.

Dejaste de sufrir.

En la tristeza ignota,
a recordarte
me acostumbraré.

Domingo por la mañana en Navidad

Me gustan los domingos navideños,
retozar en la cama disfrutando
la dulce calidez del despertar,

como el jardín de jugosos frutales
desprendiendo aromas de membrillo
y néctar de jengibre,

la luz desprendida de nuestros cuerpos
juntos atrapa el cántico fiel
de las mañanas de heladas intensas,
el ronroneo al alimón de nuestras gatas,
sus miradas, sus ojos felinos misteriosos.

Domingos de Navidad, de nevadas
suaves, en la calle sorteando bolas
de los niños del barrio con sus juegos,

embriagados con las fértiles risas
contagiosas, rebosando alegrías
muy cerca de los rocosos cantiles
donde merodean algunas aves.

Y sin embargo en ese resonante horizonte
hay personas durmiendo en los bancos del parque,

días de frío y hambre los acechan,
noches de invierno en suelos de cartón
donde les dan calor solo los perros.

Es Navidad y en nuestro entorno fluyen
villancicos, zambomba y panderetas,
nos acercamos a la melodía
como si ya nunca la Navidad se fuera,

como si nuestros ojos,
                              ciegos,
no vieran el dolor.

Memoria

Sí. Llora. Ella llora.
A veces sabe por qué y otras no.
Lleva en su pecho sonrisas lejanas
de amor y no son suyas,
las recuerda de tanto en tanto.

Pero las suyas no las recuerda,
aunque intuye que se encontraron,
en ese mismo tiempo,
momentos infinitos
que aún no se han borrado.

Consciente todavía
sabe que su mente la traiciona
envuelta en el papel del olvido.
Aún la rodea de palabras,
versos ignotos,
poemas que dibuja
y después se esfuman eternamente.

Todavía sabe por qué le ocurre.

—Puse luz en su vida
y despejé las sombras de su rostro,
sequé la lágrima de su mirada,
canjeé su llanto eterno y sin fe
con las luces que extraje de mi pecho—.

¿Dónde fueron?

*La luna: hay noches en las que parece producir
una miel blanca de sueños, de soledad y de silencio.*

FABRIZIO CARAMAGNA

Te quiero no por quien eres,
sino por quien soy cuando estoy contigo.

MARY CAROLYN DAVIES

l corazón en las manos...

ETERNAMENTE

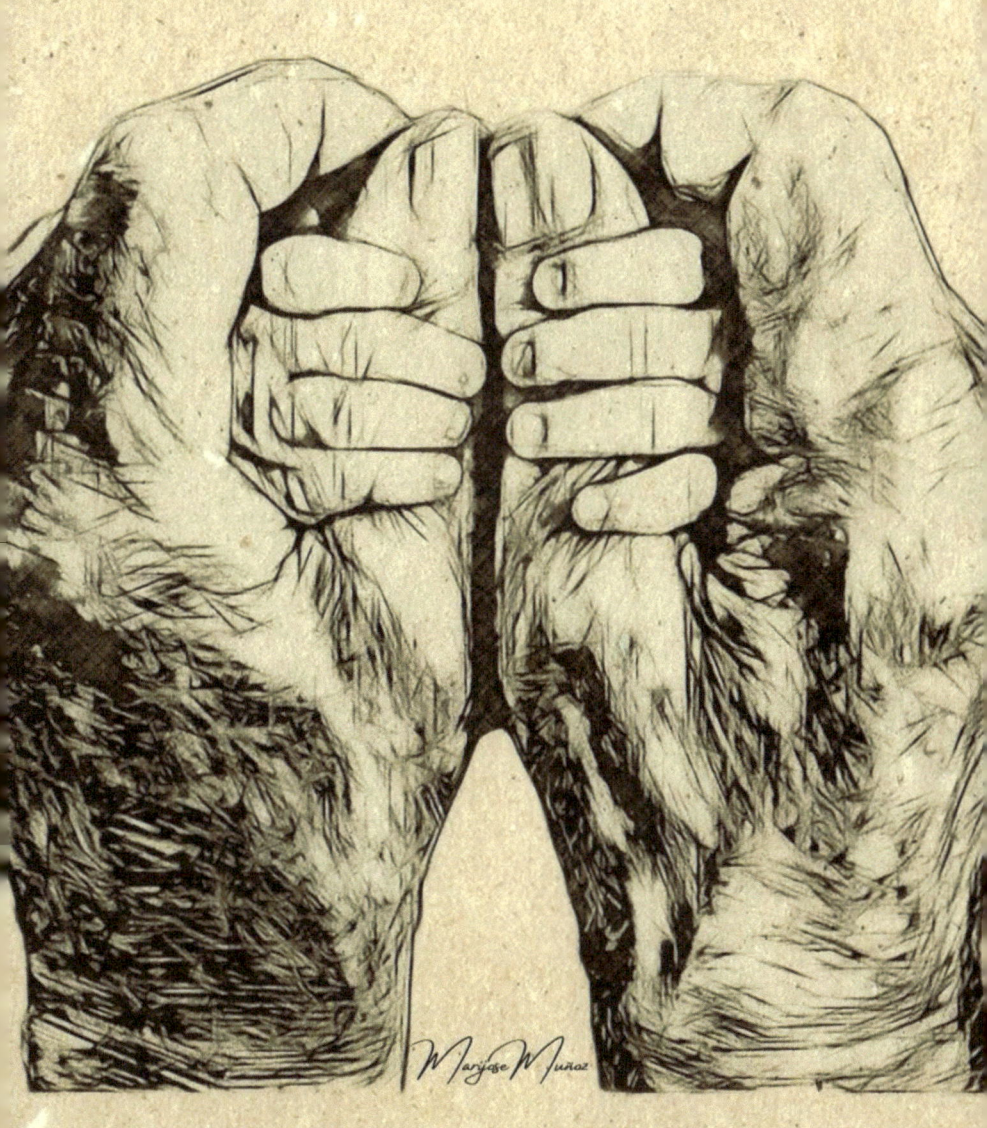

Amor tardío, un resto de locura,
en el baldío que ocupó la ternura.

ALBERTO CORTEZ

EL CORAZÓN EN LAS MANOS...
ETERNAMENTE

*Los que de corazón se quieren
solo con el corazón se hablan.*

FRANCISCO DE QUEVEDO

*Te diré con un beso,
todo lo que he callado.*

PABLO NERUDA

La longevidad es la recompensa de la virtud.
Simone de Beauvoir

LONGEVIDAD

Vieja,
has visto tantos
amaneceres radiantes,
y atardeceres ocres,
mojada por la lluvia,
quemada por el sol,
herida por el frío.

Con marca de otra época,
testigo de tantas historias.
Tu cuerpo se agita y cruje con el tiempo
en una sinfonía de la vida.

Testigo de las risas,
poseída por las lágrimas
de amor y pérdida.

Aún sigues ahí,
sin desistir,
perduras en la adversidad.

Tu resistencia es una muestra de tu amor,
querida vieja, que sigues adelante.
Belleza antigua
de la leyenda que es.

    Es
parte de nuestro ser.

REFLEJOS

Sus ojos reflejan
la tristeza profunda
de hombre solitario
en busca de su causa.

Se destella en el charco
una imagen borrosa,
su rostro,
un misterio en el agua
buscando algo perdido,
su verdadera historia
confusa en su recuerdo.

Su postura sugiere
un cansancio de años,
un camino de luchas
y de aureolas,
de largos desafíos
que busca en el reflejo
la lozana esperanza.

Un brillo en su mirada
es la respuesta que indaga,
un sosiego que anhela.

Su reflejo
una imagen fugaz.
Su verdad y su luz
se le van resistiendo,

la paz es su camino

y su tensa jornada

hacia un nuevo día.

Concierto en el alféizar

Una mañana espléndida
con brillo y transparencia de cristal,
cielo celeste con aire atildado,

madrugan los pájaros,
sus cantos vuelan hacia el alféizar
de la ventana grande,

sin dejar de moverse
regalan las flautas de sus gargantas,
leve acorde de un pequeño violín,
el ligero cántico emitido,
la salmodia recurrente del ruiseñor.

El sol abre sus puertas de calidez
al ritmo de sus trinos
y les abriga en su breve concierto
primaveral, auténtico,

después parten al frescor del bosque
cercano, dejando su majestuosa
estela de sonidos, sus espectros
de colores,

      como si un arcoíris
         planease tras ellos.

El sueño de la luciérnaga

Tras la lejanía de un sutil viento
de otoño en las colinas
van reptando los sueños,
turbulentas aspiraciones
trepan laderas, sendas luminosas
en su cantar vagabundo de luz
por los variables retales del tiempo.

En la otra cara de la noche
ves las luciérnagas
junto a encinas pensativas,
a núbiles arbustos enraizados.

La luciérnaga que alumbra la noche
echa de menos a sus compañeras,
juntas eran la hoguera
que anunciaba el verano,
la noche de San Juan.

Soñadora se perdió
cuando para soñar cerró los ojos.

Luz peregrina
y solitaria sobre la tierra,

haz brillar tu estela
para barrer el desencanto,
que burle la sentencia
—ya tan larga y tan cruel—
de esa dolorosa soledad.

Los silencios que amortiguan su voz
abren la cremallera del corazón
dejando volar sus sentimientos
                              para que beban la luz,
y despierten en el viento
libres,
se hidraten con la lluvia
del encuentro con otras emociones,

desnudando en su canto
las razones del alma,
hálitos de esperanza.

Luciérnaga solitaria,
luchando en la vida con esa luz,
ese estremecimiento
                    que te impulsa a subir,
                         protege tu aspiración
                              y borra el daño de las
                                        [ausencias.

Flor de un día

No intuyeron tu inspiración pospuesta,

solo vieron tu albo pelo, tan blanco,
un fragmento en un tiempo caducado.

Creyeron en un insondable hueco,
un interior profundo entre lo escaso,
que en tu adentro
solo imperaba la niebla,
un claroscuro que te serviría una vez.

Ignoraron de tu alma tu otra voz,
postergada poética en un cajón
esperando la evanescente luz
del júbilo.

                Superficiales,
creyeron que adentro había polvo envejecido.

            Que eras
un pequeño gorrión,
una avecilla fugaz que cantaba un albor.

Creyeron que eras solo
                flor de un día.

La caída

Solo la palabra te devuelve a ti,
te deslumbra y te cautiva,
te absorbe y saca de tu adentro
las alas y memorias,
todo lo que aprendiste y olvidaste,

lo condensas en vocablos
que se atropellan por salir,
por pregonar lo que sientes,
difundir un legado
que se resiste.

Tu tierra ya no es la que dejaste,
las personas son extrañas,
no están las amigas
y faltan las que murieron.

Buscas la verdad
en los lenguajes mudos del pensamiento,
en los huecos sordos de la conciencia.

Presenciaste la caída de los dioses.

Cierras los ojos a la dañina luz,
a los cantos de sirenas gratuitos
que llevan las ondas del viento.

Estás preparada para tu encuentro
con las nuevas orillas que se te ofrecen.

LLUVIA INTERIOR

Luce un sol generoso,

contrasta con la hondura
de la lluvia interior
que suave rocía mi existencia,

son esas despedidas
que permanecen en mi realidad.

Han marchado
los ojos infantiles del deleite,
los abrazos
de fuertes cariños,
las manos
de infinitas caricias,
las bocas
de feliz acogida.

El tiempo con su lengua de madera
arrastró muy lejos algunos anhelos,
y trajo la orfandad
y la añoranza.

Busqué en mi interior
esa otra vocación postergada,
esos otros caminos
descubiertos con lentitud,
año tras año.

Y alumbrar con ellos
estos tiempos de júbilo
que aguardaban su llegada.

Bienvenida, poesía,
elévate conmigo,
acompáñame
en este tránsito
hacia mi Ítaca.

EL OLOR DE MI MADRE

En casa siempre había jabones,
colonia fresca, manguitos de felpa
para enjabonarse...

Mi madre olía bien, su rizado pelo,
su piel, su ropa, su calzado.
Todo en ella olía a amanecer,
aurora luminosa,
arcoíris reflejado en su sombra,
a café recién hecho
y tostada caliente.

Por donde fuera aleteaba el aire
a su alrededor, dejando su estela
de olor dulce, penetrante, suave,
hogareño olor maternal.

Tu olor, madre, lo llevo conmigo
mientras vivo la vida.

                              Sosegada
espero para unirme a tu universo,
para nacer de nuevo
y seguir oliendo a ti
cuando despierte a tu lado.

Tu olor, madre, me envuelve
en este, mi otoño
versátil,
ecléctico,
en el que vivo inmersa,

que me impele hacia ti,
que me guía hasta ti
y me une contigo.

LARISA

Ella
anhelaba tres hijos.

El trabajo cercenó
la ilusión del tercero,
que no llegó a engendrarse.

A veces le pregunto cómo sería,
cómo lo hubiera llamado...
¿Habría sido niña?

Larisa se llamaría —me dijo—.

Su mente la evoca,
sin rostro y sin cuerpo,
solo imagina una mirada que adora.

¿Habrá algo imposible en este mundo
y que sea verdad ahí fuera?

Quizás exista un universo
de almas no nacidas,
tan extraordinario
que deje conocer
al ser deseado,

verlo
o verla
crecer en sus brazos
y educar una vida
que no aconteció.

Por eso,
en la ausencia que duele,
Larisa la llama,
en su silencio.

Arboleda perdida

A Rafael Alberti, in memoriam

Allá se quedó en El Puerto
una arboleda densa,
perdida
como la de Alberti,
solitaria
como nunca,

merenderos
de vetusta madera
invitaban
a estrenar la nevera,
dos latas de cerveza
y un cartucho de pipas,

la visitaba a veces
los veranos calientes
cobijándome en sus sombras espesas
y en el aire que corría entre las ramas,

sobre la tierra de su colina me sentaba,
al fresco en la arboleda
y en la paz de mis libros,
                                    hilaba
las lecturas del incipiente olvido,
lejanía que implacable tejía.

A la luz mortecina, ya a oscuras,
mi arboleda perdida.

LA MUJER DE NADIE

Camina sutil la mujer de nadie.

Camina por la alameda desierta
siempre despacio y sola,
invariablemente al anochecer
entre aromas eternos, seducida.

Su mirada posada en los centenarios árboles.

Siente la voz del agua cada día,
el rumor del oleaje la sosiega
y, mientras pisa las viejas baldosas,
se regocija al lado del mar.

En el camino que la lleva al hogar,
la floresta
invariable rebosa.
Ella
no desea más
y siempre lo recorre libre.

No es mujer de nadie.
Es ella, su independencia
y su luz aprendida.

Nunca fue nada de nadie.
No quiere ser
                    nada de nadie.
Solitaria,
silenciosa.

Única.

OTROS HORIZONTES

He transitado sobrados terrenos,
todos me hicieron heridas,
un tiempo de dificultades en que
no encontré territorios sin espinas,
ni pude elegir el viento que me alejara

para curar las heridas
caminando hacia el mar.

El salitre supuso
mi llegada inminente,
hizo volar el rastro de tristeza,
ningún camino sabe a libertad.

He incinerado deseos,
palabras,
desencuentros,
aplastando otros brotes
y me he sentado
en la cima de un pedrusco,

desnuda de cenizas y afanes imposibles.
Despertaré a la niña,
que me torna un acervo
de sueños con futuro.

De la luz
quizás me enamoré
y quise alzarme
sobre espliegos y flores,

para perfumar mis palabras,
exterminando
las que arañan la piel.

Quise otear otras huellas,
buscar tierras sin afiladas piedras,
henchidas de amapolas
            y vergeles de margaritas blancas.

CON M DE MUJER

Me miro en el espejo,
en su reflejo busco mi mirada
porque quiero saber
si en los oscuros ojos
aún fluye el alma con inquietud.

Observo mis deterioradas manos
y quiero percibir
si guardan todavía
habilidades que les enseñé.

Examino en mi cuello
arrugas que pleitean por salir,
quiero intuir firmeza,
si aún sigue ahí para sostener
multitud de ideas para crear.

Veo mi pelo blanco entreverado,
lleva el estigma de los años vivos,
del trabajo asumido,
de los genes heredados *per se*.

Miro mi cara íntegra,
a fondo conozco
sus arrugas del tiempo,
las de las expresiones,

deseo captar
si en ella me sigo reconociendo,
mi cara de siempre,

que es la misma y no lo es;
también ahora
me reconozco en mi madre.

Muevo la boca
y moldeo esa mueca heredada.
Sonrío y me da la risa.

Que reír es lo mejor,
        es lo que aún la vida
                no ha conseguido llevarse de mí.

Cuando no te lo esperas

¿A qué llorar por el caído fruto,
por el fracaso de ese deseo hondo,
compacto como un grano de simiente?
Ángel González

Hice de la poesía mi vida
porque eterna aspiro a seguir cantando
la vida cuando me quede sin voz.

Quiero regar los huertos del planeta
con palabras de agua, desde las torrenteras
que descienden de las montañas, ágiles
hasta llegar a los valles de esta tierra,
fruto de las nieves del invierno.

Creo mundos nuevos cada día,
me duele esta tierra en cada piel
donde me instalo,
            para sentir lo mismo
en sus tristezas
            en sus llantos
                    en sus pesares
                            en sus tropiezos,

su gustar del camino,
                sus aciertos,
                        su alegría y su risa.

Insisto en adentrarme en el tronco
de los árboles, en sus raíces,
en sus verdes hojas,
en sus ramas al capricho
de los vientos,
en los coloridos
de sus flores,

penetrar las capas del suelo
para ungirme con su húmedo olor,
ese petricor que acerca la lluvia.

Hoy el frío deja el alma a la intemperie,
el manto de escarcha impregna
oquedades del corazón al latido de la guerra,
dejando gritos y sangre derramada.

Ayer, también vi el miedo
en el callado existir de los perros
de la guerra
que rastrean la muerte,

todo se empapa
del dolor y ese frío que nos deja mudos
sobre nuestra tierra.

Y seguirán bajando mis versos hasta el mar,

se fundirán en las aguas conmigo,

seré papel mojado y cenizas

cuando menos me lo espere.

HE OÍDO A UN CISNE CANTAR

Se acerca cada día un poco más
su cavernosa voz
—alejada y sinuosa—
para que la recuerde, mientras yo
quiero solo ser vida.

Exhibe cada día
huellas grabadas de antaño.

A veces demora su caminar
hacia mí, áspera se lleva a otros,
yo no dejo de avanzar en el tiempo
que me ha sido otorgado,
no postergo mis pasos
ni tampoco les imprimo lentitud.

Cuando me vaya dejaré saldados
mis sueños de poeta,
un legado, a mis hijos, de palabras
impresas, que los libere de nieblas
en sus horas adversas,

no habré visto cumplidos
mis sueños solidarios ni los de libertad.

Albergo alegrías que me han regalado
las lecturas que jubilosa hice,
la fascinación poética de mis doce años,
las poesías de mi joven mente,
la libre creación

de la niña que fui y sigo siendo,

de la adulta que soy
y que aún sobrevuelo sin mentiras.

Ofrendo abierta mi herida,
intuyo que ella me sigue
sabiendo —como siempre he percibido—,
que el óbito
      el tránsito
           la muerte
                  no es para mí.

Ahí está,

             y allí,

en cualquier fracción de mi recorrido.

Adherida a mi sombra,
ese día cualquiera,
            la abrazaré.

La vida y el saber

Su verdad dolorosa
la diluyó en el viento.

Siempre viví en una trinchera,

en una guerra cultural
entre el conocimiento,
habilidades plásticas,
artesanales
y deportivas.

Siempre aprendí desdoblada
entre el uno y las otras,
en una absurda lucha,
si ganaban para mi corta vida
las otras, o progresaba el uno.

Yo siempre dividida
escogía las dos... ¿Qué dos?
La ciencia.
El arte.

Llega un mensaje de la otra trinchera,
¡escoge! Ahora o nunca.

Quería saborear todas las esencias
sin la soledad del que lee solo,
o que solo lee sin compartir
esa entraña de la sabiduría.

Yo siempre quise la de la cultura:
que para mí eran todas,
aunque con todas no podía...

Desde hace mucho, soy poeta.
Hace mucho que escribo.

Todavía sigo,
                    en la trinchera.

Los poetas no mueren

Los poetas nunca mueren.

Fingen haberse ido para siempre,
pero permanecen en nuestras almas
y solo se hacen transparentes.

Se unen a sus seres queridos
y lo celebran
en otra dimensión.

Ríen y lloran de alegría,
cantan nuestros poemas
y nos esperan.

Nosotros, sus admiradores,
seguimos fascinados con sus versos.
Salimos al atril
y los vemos en su altura.

Mientras recitamos
paramos el tiempo,
son sus versos los que leemos,
aunque oigáis otras palabras,
otro lenguaje,
porque son sus letras
y nuestras emociones,
sus versos exquisitos
que tanto leímos,

formando —piel con piel—
una tercera piel
que nos abriga.

El perdón

Nos quedamos sin tiempo,

llueve y suena una canción,
un lamento en la fría madrugada
que se lleva la niebla en la mañana
dejando ecos de la ilusión perdida.

Se enredan en el rumor de los días
trasegando entre personas extrañas
por las calles de la lluvia y el viento,
empapan mis pies y, a pesar del barro,
dejan huellas de versos,

claroscuros desde el cielo,
van estañando los límites
que no hay que traspasar
para evitar heridas
que permanecen vivas,
que nunca cicatrizan.

Un sentimiento huérfano
espera el perdón.

AQUELLO QUE NO MUERE

La verdad está ahí fuera.

Por el abrazo, por los sueños
agitados en la inquietud,
por debajo de las uñas
y por los poros de la piel,
entra el amor.

Entra el amor alborotado
por las orillas de tu mente,
avanza por rendijas del cuerpo,
peregrina entre sus rincones,
por las comisuras de la boca
y en las pupilas de los ojos
penetra también el amor.

Entra el amor como una llama
de pasión y de frenesí,
se va extendiendo por la sangre,
va calando el calor tan dentro
que al corazón transfigura
y en lo que escribes en el folio
entra también el amor.

Entra el amor con arrebato
por el alma desprevenida,
inhalado por la mirada,
oída la suave ternura
de las manos de la caricia
y en la algarabía del poema
entra también el amor.

El paso de la luz

Hoy,
el viento aleteando
entre las golondrinas
es un viento de paz.
Lo siento regresar
y va impregnándose
de aromas de las flores
que roza en su avance.

Pienso en el color de la paz
cuando sea de todos.

Me presto a disfrutarla sin miedo,
abandonando el temblor de la huida
sin caer en la zozobra
de volverla a perder.

La luz descubre puertas en la mente.

Resplandece sin mácula,
transmite rayos
en tonos de perdón,
en pureza de alma y justicia,
matices de humildad,
acentos de respeto
y en ese rojo de corazón cálido.

El paso de la luz regala estelas
de amarillos brillantes
que donan alegría,

esos radiantes verdes
de honestidad,
de comprensión,

los naranjas de la veracidad.

Anhelo presentir con claridad
cómo los nervios lóbregos
de la corrupción
se ausentan tras la niebla bajo el sol,

                        y
cómo el negro carbón de la mentira
                      huye,
se entierra en los abismos.

              Es la luz, cuando pasa.

Unir nuestras manos
compartir en su tacto diferente
otros quehaceres
otros dolores y otras alegrías.

CARMEN SALAS DEL RÍO

Marijose Muñoz

El tiempo es el mejor autor:
siempre encuentra un final perfecto.

CHARLES CHAPLIN

Tiempo...

MaryJose Muñoz

La gloria no consiste en no caer nunca,
sino más bien en levantarse
las veces que sea necesario.

MARIO BENEDETTI

El corazón en las manos... EPÍLOGO

Marijose Muñoz

EPÍLOGO

Cuando se dice que la persona que es artista deposita en su obra parte de sí misma, algunas veces hay que tomarlo en serio. En la elaboración poética del presente libro se han invertido años, tanto en la elaboración poética como en las ilustraciones. Hemos trabajado de forma inefable, como dos auténticas amigas, muchas veces de noche, mediante Internet, en otras ocasiones, cada vez que teníamos algún motivo para reunirnos o cuando «casualmente» coincidíamos en actos poéticos, pictóricos o artísticos de cualquier otra índole, erre que erre a planear, idear, proyectar, diseñar y, en definitiva, ahondar en el camino que concluye cuando tú, lector, consigas tener este ejemplar en tus manos.

Este libro lo ha ilustrado Marijose Muñoz Rubio, quien es una artista polifacética capaz de convertir cualquier cosa que emprenda en auténtico arte. Pero hemos llegado a más, unos meses antes de su publicación yo tuve una afección cardíaca de consideración, mientras que Marijose estuvo ingresada en el hospital por una afección que hacía que le dolieran mucho las manos.

El corazón en las manos.

Y es que como decía el bueno de Cicerón, «verus amicus est tamquam alter idem». Porque sí, dos amigas como nosotras llegan a ser como otro yo.

Carmen Salas del Río

ÍNDICE